CANTIQUES
DE NOËL
ANCIENS ET NOUVEAUX.

NANTES,
IMPRIMERIE DE VINCENT FOREST & ÉMILE GRIMAUD,
PLACE DU COMMERCE, 1.
1862.

CANTIQUES DE NOËL.

CANTIQUES

DE NOËL

ANCIENS ET NOUVEAUX.

NANTES,
IMPRIMERIE DE VINCENT FOREST ET ÉMILE GRIMAUD,
PLACE DU COMMERCE, 1.

1862.

CANTIQUES DE NOËL.

CANTIQUE PREMIER.

Air connu.

Satan, depuis cinq mille ans,
   Plus fin qu'Adam et qu'Eve,
Voit le terme de son temps,
Et je crois, dans ces Avents,
   Qu'il crève.   (*ter.*)

Il n'avait que trop régné
   Sans nous donner de trêve,
Mais Jésus ayant daigné
Naître en ce temps désigné,
   Il crève.   (*ter*).

Les saints Pères son ravis,
   Leur prison sera brève ;
Ils auront le Paradis,
Et Satan déchu tandis,
     En crève. *(ter.)*

Afin que Jésus aussi
   Avec eux nous enlève,
Vivons saintement ici,
N'ayant de Satan souci,
     Il crève. *(ter.)*

L'arbre du fruit défendu
   Pousse une bonne sève ;
Jésus en est descendu,
Et le démon confondu,
     En crève. *(ter.)*

Le péché fermera le Ciel ;
   La grâce nous relève.
Chantons de bon cœur Noël,
Pendant que Satan cruel
     En crève. *(ter.)*

CANTIQUE POUR L'AVENT.

Il s'approche l'heureux moment
Qui doit finir notre misère ;
Il va venir l'auguste enfant
Qui donne la paix à la terre. *(bis.)*
Tournons vers lui *(bis)* tous nos soupirs,
Appelons-le par nos désirs. *(bis.)*

O nations, consolez-vous !
De vos souhaits l'objet aimable
Vient enfin répandre sur nous
Les dons de son cœur ineffable. *(bis.)*
Tournons vers lui *(bis)* tous nos soupirs,
Appelons-le par nos désirs. *(bis.)*

Paraissez, ô divin enfant !
Pour nous à jamais désirable !
L'univers entier vous attend,
Montrez votre face adorable. *(bis.)*
Ah ! rendez-vous *(bis)* à nos soupirs,
Venez combler tous nos désirs ! *(bis.)*

Daignez choisir votre palais
Dans nos cœurs remplis de tendresse.
Pour vous dès longtemps ils sont prêts,
Venez, notre amour vous en presse. *(bis.)*
Ah ! rendez-vous *(bis)* à nos soupirs,
Venez combler tous nos désirs ! *(bis.)*

AUTRE SUR L'AVENT.

Le Dieu que nos soupirs appellent,
Hélas, ne viendra-t-il jamais !
Les siècles qui se renouvellent
Accompliront-ils ses décrets ?
Le verrons-nous bientôt éclore
Le jour promis à notre foi ?
Viens dissiper, brillante aurore,
Les ombres de l'antique loi.   *(bis.)*

C'en est fait, le moment s'avance,
Un Dieu vient essuyer nos pleurs ;
Il va combler notre espérance
Et mettre fin à nos malheurs.
Fille des Rois, ô Vierge aimable !
Parais, sors de l'obscurité ;
Reçois le prix inestimable
Que tes vertus ont mérité.   *(bis.)*

Des promesses d'un Dieu fidèle,
Le gage en tes mains est remis.
Quel bonheur pour une mortelle,
Un Dieu va devenir ton fils !
Dans ta demeure solitaire,
Je vois un ange descendu ;

O prodige! ô grâce! ô mystère!
Dieu parle, et le Verbe est conçu. (*bis.*)

Mortels, d'une tige coupable
Rejetons, en naissant, flétris,
Dieu brise le joug déplorable
Où vivaient nos aïeux proscrits.
Son amour nous rend tout facile :
Ne combattons plus ses desseins ;
Parmi nous lui-même il s'exile
Pour finir l'exil des humains. (*bis.*)

SUR L'INCARNATION.

AIR : *Ne vois-tu pas dans nos montagnes.*

Enfin s'accomplit le mystère
Prédit de loin à nos aïeux :
Ici bas une vierge mère
Porte en son sein le Roi des Cieux.
Fut-il jamais dans la nature
Un prodige aussi ravissant !
Le salut de la créature
Est le bienfait d'un Dieu naissant.

Qui pourrait chanter tes louanges,
Vierge, qui conçois le Sauveur?

Purs esprits, et vous chœurs des Anges,
Pouvez seuls louer sa grandeur.
Ève avait fait périr sa race,
Vierge, tu changes notre sort ;
Ton fils nous obtient notre grâce,
Et nous rend vainqueurs de la mort.

Unis à Dieu par la naissance
Du fils fait homme dans tes flancs,
Tu nous rends par cette alliance,
Ses frères comme ses enfants.
Reine du céleste héritage,
Daigne, du haut de ce séjour,
Délivrer de leur esclavage
Ceux qui réclament ton amour.

AUTRE POUR L'AVENT.

Les temps marqués par les prophètes
Bientôt, Seigneur, vont s'accomplir ;
Ne tardez pas, le Ciel s'apprête,
Et n'attend que vous pour s'ouvrir.
Le péché règne sur la terre :
Partout on proscrit la vertu :
Votre secours est nécessaire ;
Notre courage est abattu. (bis.)

Suspendez de votre colère,
Seigneur, les justes châtiments.
Un père est-il donc si sévère
Qu'il ne pardonne à ses enfants?
Au milieu de la nuit funeste,
Où le crime nous a réduits,
Que votre lumière céleste
Eclaire nos esprits séduits. *(bis.)*

Notre perte est inévitable,
Si vous différez de venir;
Bientôt dans l'abîme effroyable
Le Démon va nous engloutir.
Tendez une main secourable
A tous les mortels abattus,
Montrez-vous, Seigneur, favorable,
Bientôt fleuriront les vertus. *(bis.)*

Cieux, répandez votre rosée!
La terre, pour briser nos fers,
Va, de ce doux suc arrosée,
Donner le Juste à l'univers.
Tressaillez, peuples de la terre,
Il va vous naître un Rédempteur;
Mais aussi, dans ce tendre père,
Craignez de trouver un vengeur. *(bis.)*

AUTRE

POUR LA VEILLE OU LA NUIT DE NOEL.

Naissez, l'amour vous y convie ;
Naissez pour changer nos destins,
Grand Emmanuel, divin fils de Marie,
Venez réparer les pertes des humains.
   Naissez l'amour vous y convie ;
   Naissez pour changer nos destins.

Le ciel est sensible à nos larmes ;
Le ciel nous accorde un sauveur.
La charmante paix succède à nos alarmes,
Le jour fortuné comble notre bonheur.
   Le Ciel, etc.

Il naît ce Messie adorable ;
Il naît ce grand Dieu fait enfant.
Peut-il, ô mortels, se rendre plus aimable !
Pour nous racheter, il se livre en naissant.
   Il naît, etc.

Pour nous, jusqu'à nous il s'abaisse,
Pour nous, il s'immole aujourd'hui ;
Chantons à jamais l'excès de sa tendresse,
Et que tous les cœurs brûlent d'amour pour lui.
   Pour nous, etc.

CANTIQUES POUR LE JOUR DE NOËL.

CANTIQUE PREMIER.

PIERROT.

J'entends un grand bruit dans les airs, *(bis.)*
Colin, écoute ces concerts ;
Tout retentit dans nos déserts.
Voyons quelle est cette merveille.
En fut-il jamais de pareille.

COLIN.

Pierrot, je suis tout étonné, *(bis.)*
Au bruit je me suis éveillé,
Et mon esprit émerveillé
Non plus que vous ne peut comprendre
Ce que cela veut nous apprendre.

PIERROT.

Colin, au milieu de la nuit, *(bis.)*
Je vois le soleil qui reluit ;
Il me semble que tout reverdit.
Sachons ce que cela veut dire,
Quelqu'un pourra nous en instruire.

COLIN.

J'aperçois le berger Clément,   (bis.)
Qui court avec empressement ;
Dis-lui qu'il attende un moment,
Il nous dira quelques nouvelles ;
Il en sait toujours les plus belles.

PIERROT.

Clément, où courez-vous si fort ?   (bis.)
Et qui vous cause ce transport ?
Dites-le nous ; votre rapport
Calmera notre inquiétude
En nous tirant d'incertitude.

CLÉMENT.

Ne savez-vous pas qu'en ces lieux,   (bis.)
Un ange est descendu des Cieux,
Qui nous a dit, d'un ton joyeux :
« Ecoutez-moi, troupe fidèle,
» J'apporte une bonne nouvelle. »

PIERROT.

Clément, nous n'avons rien appris ;   (bis.)
Un doux sommeil nous a surpris ;

Ainsi nous n'avons pas appris
Le sujet de tant d'allégresse ;
Dites-le nous, rien ne vous presse.

CLÉMENT.

Cet ambassadeur ravissant (*bis.*)
Nous a dit que le Tout-Puissant,
Pour nous sauver s'est fait enfant,
Et qu'à la pauvreté des langes,
On connaîtra le Roi des anges.

Enfin, il nous a dit à tous : (*bis.*)
« Ce bel enfant est né pour vous. »
Or, sus, bergers, dépêchez-vous ;
Ne différons pas davantage,
Allons du cœur lui rendre hommage.

De nos troupeaux laissons le soin, (*bis.*)
Pour aller voir, dans son besoin,
Notre Dieu couché sur du foin,
Sans feu, sans bois, sans couverture,
Au fond d'une vieille masure.

PIERROT.

Clément, puisque ce nouveau-né (*bis.*)
Est comme un pauvre infortuné

De tout le monde abandonné,
Et que sur la paille il repose,
Il faut lui porter quelque chose.

CLÉMENT.

Adrien, ce jeune berger, (bis.)
Porte des œufs dans un panier ;
Commère Jeanne, un oreiller,
Des drapeaux, une couverture,
Pour qu'il ne soit plus sur la dure.

Robin lui porte son manteau, (bis.)
Et notre voisin, un gâteau ;
Pour moi, j'ai pris un tendre agneau ;
Le plus gras de ma bergerie,
Pour porter au fils de Marie.

PIERROT.

Notre femme, toute de cœur, (bis.)
Nous suit et porte, avec honneur,
Des fruits, du lait, un pot de fleurs ;
Car ce Dieu, réduit à l'enfance,
Manque de tout à sa naissance.

CLÉMENT.

Que ne puis-je aussi faire un don !　　　(bis.)
Mais, hélas ! je n'ai rien de bon
Pour présenter à ce poupon,
Qu'un peu de beurre et de fromage,
Que produit mon petit ménage.

COLIN.

Pour moi, je ne fais pas le fin,　　　(bis.)
Je suis pauvre et n'ai pour butin
Qu'un peu de bois, que ce matin,
J'ai fait dans notre voisinage :
Il aura tout et sans partage.

CLÉMENT.

Ne vous apercevez-vous pas　　　(bis.)
Qu'on est rendu ; doublons le pas,
Silence, causeurs, parlez bas ;
Peut-être que l'enfant sommeille ;
Il ne faut pas qu'on le réveille.

PIERROT.

Qui de nous ira le premier ?　　　(bis.)
J'aperçois le grand Olivier,

Ce bon vieillard sait son métier;
Il parlera mieux que tout autre,
C'est mon avis : est-ce le vôtre?

CLÉMENT.

Sans doute, ce sage vieillard,   (bis.)
Pourvu qu'il ne soit pas trop tard,
Dira le mieux, et, de ma part,
Je ne suis pas un trouble-fête;
Je consens qu'il marche à la tête.

PIERROT.

Maître Olivier, dépêchez-vous;   (bis.)
Vous êtes député de tous,
Comme ayant plus d'esprit que nous,
Pour entretenir notre maître,
Au nom de la troupe champêtre.

OLIVIER.

Bergers, ce sera mon plaisir;   (bis.)
Je n'ai pas de plus grand désir
Que de contempler à loisir
Un Dieu qui, pour sauver les hommes,
S'est fait homme, comme nous sommes.

PIERROT.

Chers amis, ne différons pas,　　　　　　　(bis).
Ah ! je le vois entre les bras
D'une Vierge pleine d'appas,
Qui le chérit et le caresse
Avec une extrême tendresse.

Je suis saisi d'étonnement,　　　　　　　(bis).
Voyant l'étrange abaissement
Du souverain du firmament.
Olivier, entrez au plus vite
L'adorer en son pauvre gîte.

OLIVIER.

Au pied de la crèche.

Nous voici, mon divin Sauveur,　　　　　(bis).
Prosternés d'esprit et de cœur,
Pour adorer votre grandeur.
Recevez nos profonds hommages,
Nous voulons tous être à vos gages.

Nous sommes de simples bergers,　　　　(bis).
Que de célestes messagers
Ont fait quitter champs et vergers
Pour venir vous voir dans la crèche,
Couché dessus la paille fraîche.

Seigneur, dans vos besoins pressants, *(bis)*.
Recevez nos petits présents ;
Et, pour que nous soyons contents,
Daignez nous bénir, je vous prie,
Vous et l'adorable Marie.

CANTIQUE II.

Oh ! la bonne nouvelle
Qu'on vient nous annoncer,
Une mère est vierge, elle,
Un Sauveur nous est né !
Bon, bon, bon, accourons-y vite ;
Bon, bon, bon, accourons-y donc.

Tous les bergers en fête
Ont quitté leur troupeau,
Chantant des chansonnettes
Dessus leurs chalumeaux.
Bon, bon, bon, etc.

Pour Joseph, qui admire
Ce prodige nouveau,
Il ne peut que nous dire :
« Voyez comme il est beau ! »
Bon, bon, bon, etc.

Nous verrons cette mère,
Belle comme le jour,
Qui, sur son sein, le serre
Dans des transports d'amour.
Bon, bon, bon, etc.

Soyons de la partie,
Allons rendre nos vœux
Au beau fils de Marie,
Qui est le roi des cieux.
Bon, bon, bon, etc.

CANTIQUE III.

Air : *Et quoi ! tout sommeille.*

Notre divin Maître,
Bergers, vient de naître ;
Rassemblons-nous,
Volons à ses genoux.
Aux hymnes des Anges,
Mêlons nos louanges ;
De nos concerts,
Remplissons l'univers.

Tendre victime,
Sauveur magnanime,

Il vient de tout crime
Laver les pécheurs ;
Mais les prémices
De ses dons propices
Et de ses faveurs
Sont pour les pasteurs.

Chœur. Notre divin Maître, etc.

Oh ! qu'il est puissant !
Auguste, adorable !
Mais qu'il est affable,
Humain, doux, aimable,
Ce Dieu fait enfant !
Qu'il est beau, qu'il est grand !
Qu'il est bienfaisant !
Qu'il est charmant !

Chœur. Notre divin Maître, etc.

Menuet.

A ce Dieu qui vous aime,
Venez sans frayeur ;
Vos agneaux même
N'ont point sa douceur.
La timide innocence,
La simple candeur,
L'humble indigence

Plaisent à son cœur;
Pour vous être semblable,
Il naît dans une étable,
Il habite un hameau,
Une crèche fait son berceau !
A vous que tout s'unisse;
Que dans ce saint jour
Tout retentisse
De vos chants d'amour :
Pour lui, musette tendre,
Hautbois, chalumeaux,
Faites entendre
Vos sons les plus beaux.

Chœur. Notre divin Maître, etc.

CANTIQUE IV.

Pour un maudit péché,
L'auteur de la Nature,
Pour un maudit péché,
Jésus-Christ est couché
Tout nu dessus la dure;
Ah ! qu'il me fait pitié
Dedans une masure
Caché.

Ce petit Dieu d'amour
Se charge de nos peines ;
Ce petit Dieu d'amour
Vient nous donner le jour
Et soulager nos chaînes ;
Ayons donc du retour
Pour un Dieu qui nous aime
  Toujours.-

Il naît dans le recoin
Du débris d'une étable ;
Il naît dans le recoin,
Sous la paille et le foin.
Sa bonté charitable
Le réduit à ce point,
Qu'il veut, ce fils aimable,
  Nos soins.

Il n'a pas de berceau,
Le poupon de Marie ;
Il n'a pas de berceau,
Cet innocent agneau.
Il commence une vie,
Entre deux animaux,
Languissante et suivie
  De maux.

Trois mages d'Orient,
Apprenant la nouvelle;
Trois mages d'Orient
Ont porté leur présent.
L'un lui donne la myrrhe,
L'un l'or, l'autre l'encens,
Et tous ensemble adorent
  L'enfant.

Les pasteurs d'alentour
Font entr'eux une bande;
Les pasteurs d'alentour
Viennent faire leur cour.
En même temps que l'ange
Leur a dit le séjour,
Ghimel, sans plus tarder,
  Y court.

Il attache ses yeux
Dessus l'aimable face;
Il attache ses yeux,
En dépit des envieux,
Dessus la belle glace
De ce miroir précieux
Qui nous fait voir la grâce
  Des cieux.

Il adore l'enfant,
Puis il salue la mère ;
Il adore l'enfant
Qui vient donner son sang
Que le péché d'Adam
Avait mis en colère
    Longtemps.

Tous ces bergers de peur
De ne pouvoir y être ;
Tous ces bergers de peur
De ne voir ce Sauveur,
Accourent en lui portant
Ce qu'ils ont de meilleur ;
Mais le premier lui laisse
    Son cœur.

CANTIQUE V.

Voisin, d'où venait ce grand bruit
Qui m'a réveillé cette nuit
Et tous ceux de mon voisinage ?
Vraiment, j'étais bien en courroux
D'entendre partout le village :
Sus, sus, bergers (*bis*) réveillez-vous,
Sus, sus, bergers, réveillez-vous.

Quoi donc, Colin, ne sais-tu pas
Qu'un Dieu vient de naître ici-bas?
Qu'il est logé dans une étable;
Il n'a ni lange, ni drapeau,
Et dans cet état misérable,
On ne peut voir *(bis)* rien de plus beau,
On ne peut voir rien de plus beau.

Qui t'a dit, voisin, qu'en ce lieu
Voudrait bien s'abaisser un Dieu
Pour qui rien n'est trop magnifique?
Les Anges nous l'ont fait savoir,
Par cette charmante musique
Qui s'entendit *(bis)* hier au soir,
Qui s'entendit hier au soir.

Plusieurs déjà s'y sont rendus,
Quelques-uns en sont revenus,
En disant que c'est le Messie;
Que c'est cet aimable Sauveur,
Qui suivant notre prophétie,
Nous doit causer *(bis)* tant de bonheur,
Nous doit causer tant de bonheur.

Allons donc, bergers, il est temps,
Allons lui porter nos présents

Et lui faire la révérence.
Voyez comme Jeannot y va ;
Suivons-le tous en diligence,
Et nos troupeaux *(bis)* laissons-les là.
Et nos troupeaux laissons-les là.

Sans plus tarder, allons donc tous,
Allons saluer à genoux
Notre Seigneur et notre Maître ;
Et dans cet adorable jour,
Où, pour nous l'amour l'a fait naître,
Allons pour lui *(bis)* mourir d'amour,
Allons pour lui mourir d'amour.

Après avoir fait nos présents,
Avec de petits compliments,
Autour de lui tout en cadence,
Nous lui souhaiterons le bonsoir
Et lui ferons la révérence :
Adieu poupon *(bis)* jusqu'au revoir,
Adieu poupon jusqu'au revoir.

Ah ! Colin, que dis-tu donc là ?
Il ne faut pas faire cela ;
J'aimerais mieux perdre la vie.
Restons toujours dans ce saint lieu ;

Tenons-lui toujours compagnie,
Et ne disons *(bis)* jamais adieu,
Et ne disons jamais adieu.

Pour moi, je suis plutôt d'avis
De retirer ce petit fils,
De l'étable en ma maisonnette,
Où j'ai préparé, sur deux bancs,
Un lit en forme de couchette,
Et des linceuls *(bis)* qui sont tout blancs,
Et des linceuls qui sont tout blancs.

Je vais faire de tout mon mieux
Pour les retenir en ces lieux,
Jésus, et Joseph et Marie;
Quand ils seront tous trois chez moi,
Ma maison sera plus jolie
Que le palais *(bis)* des plus grands rois,
Que le palais des plus grands rois.

Dès aujourd'hui, dans ce dessein,
Sans attendre jusqu'à demain,
Je veux quitter ma bergerie;
Et j'abandonne mon troupeau,
Pour mieux garder toute ma vie,
Dans ma maison *(bis)* ce seul agneau,
Dans ma maison ce seul agneau.

CANTIQUE VI.

Un enfant vient de naître,
Qui commande en tous lieux,
Pasteurs, il est le maître
De la terre et des cieux ;
Il est dans une crèche ;
Ce lieu n'est pas bien loin,
Sur de la paille sèche
Et sur un peu de foin.

A voir ce roi des anges
Chacun serait trompé,
De lambeaux et de langes
Il est enveloppé :
Pour soulager sa peine,
Pour adoucir ses maux,
Il se sert de l'haleine,
De deux vils animaux.

Près de cette demeure
Dormaient quelques bergers :
Un Ange à la même heure,
D'un vol des plus légers,

Fend l'air, il les éveille,
Et leur dit à l'instant :
« Venez voir la merveille
». Que l'univers attend. »

Ayant fait son message,
Cet Ange disparut ;
Pour aller au village
Plus d'un pasteur courut,
Ils vont droit à l'étable
Chercher le nouveau né ;
A sa vue adorable
Chacun s'est prosterné.

Que faisiez-vous, Marie,
Quand vous les voyiez tous
Laisser leur bergerie
A la merci des loups?
Vous vous disiez vous-même,
Comme à tous les Chrétiens,
Que pour le bien suprême
On quitte tous les biens.

CANTIQUE VII.

Air : *Tous les bourgeois de Chartres.*

Le fils du roi de gloire
Est descendu des Cieux ;
Que nos chants de victoire
Résonnent en ces lieux !
Il dompte les enfers,
Il calme nos alarmes ;
Il tire l'univers
  Des fers ;
 Et pour jamais
 Lui rend la paix :
Ne versons plus de larmes.

L'amour seul l'a fait naître
Pour le salut de tous :
Il faut par là connaître
Ce qu'il attend de nous.
Un cœur brûlant d'amour
Est le plus bel hommage ;
Faisons-lui tour à tour
  La cour ;
 Dès aujourd'hui
 N'aimons que lui :
Qu'il soit mon seul partage.

Vains honneurs de la terre,
Je veux vous oublier,
Le maître du tonnerre,
Vient de s'humilier.
De vos trompeurs appas
Je saurai me défendre :
Allez, n'arrêtez pas
   Mes pas.
 Monde flatteur,
 Monde enchanteur,
Je ne veux plus t'entendre.

Régnez seul en mon âme,
O mon divin époux !
N'y souffrez point de flamme
Qui ne s'adresse à vous.
Que voit-on dans ces lieux ?
Que misère et bassesse :
Ne portons plus nos yeux
   Qu'aux cieux.
 A votre loi,
 A votre foi,
J'obéirai sans cesse.

CANTIQUE VIII.

O miracle d'amour,
Mystère impénétrable!
Un Dieu naît en ce jour,
Tout nu, tout misérable!
Tremblant de froid,
Sans feu, sans bois.
Chantons Noël, Noël, Noël,
Crions : Vive le roi des rois!
Chantons Noël.

Bethléem est le lieu
Destiné par son père;
Il y naît ce grand Dieu
Sujet à nos misères,
Et sans drapeau,
Et sans berceau.
Chantons, etc.

Sur l'heure de minuit,
L'auteur de la nature,
Ce souverain naquit,
L'ange nous en assure.
Allons, bergers,
Allons chanter:
Chantons, etc.

Mais ce qui me surprend
D'apprendre une nouvelle,
Qu'après l'enfantement,
La mère soit vierge, elle.
  L'ange l'a dit,
  Cela suffit.
Chantons, etc.

On dit que cet enfant
Abattra nos idoles ;
Quand il sera plus grand,
Il les rendra frivoles ;
  Qu'il doit briser
  A tous nos fers.
Chantons, etc.

Je vais dire à Margot
Qu'elle coure au plus vite,
Qu'elle éveille Jacot
Pour aller en visite
  Au nouveau-né,
  Et l'adorer.
Chantons, etc.

Lève-toi, Jeanneton,
Que la sœur te conduise ;

Va-t-en voir ce poupon,
Fais-lui quelques chemise
De l'ucamanc
Qui soit tout blanc.
Chantons, etc.

Pierrot préparera
De poulets quatre paires,
Un chapon des plus gras,
Pour offrir à la mère
De cet enfant
Qu'on dit charmant.
Chantons, etc.

Voici le gros Micheau
Qui suit la voix de l'ange ;
Il s'en va sans chapeau ;
Il apporte des langes
Et un agneau
De son troupeau.
Chantons, etc.

Mon cœur est le présent
Seul digne de lui plaire ;
Je l'apporte à l'enfant,
A Joseph, à la mère ;

             Ils le prendront,
               L'accepteront.
Chantons, etc.

           Venez tous, suivez-moi,
           Et que chacun s'apprête ;
           Venez voir ce grand roi ;
           Portez votre musette,
               Un violon,
               Un tympanon.
Chantons, etc.

           Claudine, d'où viens-tu ?
           Tu parais plus qu'aimable.
           Apprends-nous qu'as-tu vu ?
           Est-il vrai qu'en étable
               Un Dieu soit né ?
               L'as-tu trouvé ?
Chantons, etc.

           J'ai vu ce beau poupon ;
           J'ai vu ce grand mystère ;
           Il est plus que mignon ;
           J'ai vu sa sainte mère,
               Qui m'a promis
               Son paradis.
Chantons, etc.

Il paraît plus charmant,
Cette beauté suprême,
Que l'aurore en naissant.
Je sens que mon cœur l'aime,
>> Car sa douceur
>> Charme mon cœur.
Chantons, etc.

Nous voici tous, Seigneur,
Hommes, femmes et filles,
Pour vous offrir nos cœurs,
Nos biens et nos familles.
>> Tout est à vous,
>> Tout vient de vous.
Chantons Noël, Noël, Noël,
Crions : Vive le roi des rois !
>> Chantons Noël.

CANTIQUE IX.

Célébrons la naissance
Nostri Salvatoris,
Qui a la complaisance
Dei sui patris;
Cet enfant tout aimable,
In nocte mediâ,

Est né dans une étable
De castâ Mariâ.

Cette heureuse nouvelle,
Olim pastoribus,
Par un ange fidèle
Fuit nunciatus ;
Leur disant : Laissez paître
In agro viridi ;
Venez voir votre Maître
Filiumque Dei.

A cette voix céleste,
Omnes hi pastores,
D'un air doux et modeste,
Et multum gaudentes,
Incontinent marchèrent,
Reliquo pecore ;
Tous ensemble arrivèrent
In Bethleem Judæ.

Le premier qu'ils trouvèrent
Intrantes stabulum,
Fut Joseph, ce bon père,
Senio confectum,
Qui d'ardeur non pareille
It obviam illis,

Les reçoit, les accueille,
Expansis manibus.

Il fait à tous caresse,
Et in principio,
Fait voir leur allégresse
Matri et filio.
Ces bergers s'étonnèrent,
Intuentes eum,
Que les anges révèrent
Pannis involutum.

Lors ils se prosternèrent
Cum reverentiâ,
Et tous ils adorèrent,
Pietate summâ,
Ce Sauveur tout aimable,
Qui homo factus est,
Et qui dans une étable,
Nasci dignatus est.

D'un cœur humble et sincère,
Suis muneribus,
Ils donnent à la mère
Et filio ejus,
Des marques de tendresse;
Atque his peractis,

Font voir leur allégresse
Hymnis et canticis.

Mille esprits angéliques
Junctis pastoribus,
Chantent dans leurs musiques :
Puer vobis natus.
Au Dieu par qui nous sommes :
Gloria in excelsis !
Et la paix soit aux hommes
Bonæ voluntatis !

Jamais pareilles fêtes,
Judicio omnium ;
Même jusques aux bêtes,
Testantur gaudium.
Enfin cette naissance
Cunctis creatoris
Donne réjouissance
Et replet gaudiis.

Qu'on ne soit insensible,
Adeamus omnes,
Ce Dieu rendu passible
Propter nos mortales ;
Et tous de compagnie
Exoremus eum

Qu'à la fin de la vie,
Det regnum beatum.

CANTIQUE X.

Quand Dieu naquit à Noël,
   Dans la Palestine,
On vit ce jour solennel
   Une joie divine :
Il n'était petit ni grand
Qui n'apportât son présent,
   Et n'o, no, no, no,
   Et n'offrit, frit, frit,
Et n'o, n'o, et n'offrit,
   Et n'offrit sans cesse
   Toute sa richesse.

L'un apportait un agneau
   Avec un grand zèle ;
L'autre un peu de lait nouveau
   Au fond d'une écuelle.
Et sous ses pauvres habits
Cachait un peu de pain bis
   Pour la, la, la, la,
   Pour la sain, sain, sain,

Pour la, la, pour la sain,
  Pour la sainte Vierge,
  Et Joseph, concierge.

Ce bon père putatif
  De Jésus, mon Maître,
Que le pasteur plus chétif
  Désirant connaître,
D'un air obligeant et doux
Recevait les dons de tous,
  Sans cé, cé, cé, cé,
  Sans ré, ré, ré, ré,
Sans cé, cé, sans ré, ré,
  Sans cérémonie,
  Pour le fruit de vie.

Il ne fut pas jusqu'aux rois
  Du rivage maure,
Qui joints au nombre de trois,
  Ne vinssent encore.
Ces bons princes d'Orient
Offrirent en le priant,
  L'en, l'en, l'en, l'en, l'en,
  Cens, cens, cens, cens, cens,
L'en, l'en, l'en, cens, cens, cens,
  L'encens et la myrrhe,
  Et l'or qu'on admire.

Quoiqu'il n'en eût pas besoin,
    Jésus, notre maître,
En prit avec un grand soin,
    Pour faire connaître
Qu'il avait les qualités
Par ces dons représentés,
    D'un vrai, vrai, vrai, vrai,
    D'un roi, roi, roi, roi,
D'un vrai, vrai, d'un roi, roi,
    D'un vrai roi de gloire,
    En qui l'on doit croire.

Plaise à ce divin enfant
    Nous faire la grâce,
Dans son séjour triomphant
    D'avoir une place !
Si nous y sommes jamais,
Nous goûterons une paix
    De lon, lon, lon, lon,
    De gue, gue, gue, gue,
De lon, lon, de gue, gue,
    De longue durée
    Dans cet empirée.

CANTIQUE XI.

Allons voir Jésus naissant,
C'est le fils du Tout-Puissant;
Remplissons tous nos hameaux
Du son des hautbois et des chalumeaux;
Remplissons tous nos hameaux
De nos airs les plus nouveaux.

Que tout chante en ces bas lieux,
Comme on chante dans les Cieux;
Tous les Anges, dans les airs,
Rendent gloire à Dieu, paix à l'univers;
Tous les Anges, dans les airs,
Forment de charmants concerts.

Ça, bergers, ne tardez pas,
Accourez, suivez mes pas;
Venez tous, en ce beau jour,
Au plus grand des Rois faire votre cour;
Venez tous, en ce beau jour,
Pour répondre à son amour.

Laissons nos moutons épars,
Bondissant de toutes parts;
Nous ne craignons plus les loups,
Un nouveau pasteur veille ici pour nous :

Nous ne craignons plus les loups,
Le ciel n'est plus en courroux.

Mais quand ces fiers animaux
Fondraient tous sur nos troupeaux,
Pour un Dieu si plein d'appas,
On compte pour rien les biens d'ici-bas;
Pour un Dieu si plein d'appas,
Que ne quitterait-on pas ?

Auprès du souverain bien,
Tout le reste n'est plus rien,
Un Dieu se donne aujourd'hui;
Pour nos autres biens, soyons sans ennui;
Un Dieu se donne aujourd'hui,
Nous avons tout avec lui.

Le voici l'heureux séjour,
Où triomphe son amour;
Quelle ardeur vient m'enflammer !
Que de doux transports viennent me charmer !
Quelle ardeur vient m'enflammer !
Tout me dit qu'il faut l'aimer.

Le voici, ce doux Sauveur,
Cet objet ravit mon cœur;
Qu'il est beau, qu'il est charmant !

Qu'il mérite bien mon empressement !
Qu'il est beau, qu'il est charmant !
Qu'il nous aime tendrement !

Dans nos cœurs, divin enfant,
Votre amour est triomphant.
Tous nos cœurs volent à vous,
Et c'est le présent le plus cher de tous :
Tous nos cœurs volent à vous,
C'est l'hommage le plus doux.

CANTIQUE XII.

Quand Jésus naquit du sein
De la Vierge, sa mère,
Plusieurs Anges ayant eu dessein
D'annoncer ce mystère,
Tombé du Ciel, tombé du Ciel,
Tombé du Ciel en terre.

Pour aller chercher les bergers,
L'un vole et l'autre trotte ;
Dans les champs et dans les vergers,
On les trouva par botte,
Qui faisaient la, la, la, la, la,
Qui faisaient la ribotte.

Margot porta des écus neufs ;
  Toinon, une layette ;
Et moi, je lui portai trois œufs,
  Dit la grosse Perrette,
Pour faire une o, pour faire une o,
  Pour faire une omelette.

Bien bonjour, Monsieur saint Joseph,
  Et la Vierge Marie ;
Bien bonjour, Monseigneur Jésus,
  Le chef-d'œuvre de vie,
Et bonjour la, la, la, la, la,
  Bonjour la compagnie.

CANTIQUE XIII.

Dans le calme de la nuit,
S'est entendu un grand bruit ;
  Une voix,
  Plusieurs fois,
Plus angélique qu'humaine ;
  Une voix,
  Plusieurs fois,
Rendait gloire au Roi des Rois.

Je n'entendais qu'à demi,
Car j'étais tout endormi ;
    Cependant
    Ce doux chant
M'a fait ouvrir les oreilles ;
    Cependant
    Ce doux chant
Me fait lever promptement.

Plus en plus je m'approchais,
Et mieux en mieux j'entendais ;
    Oh ! le chant
    Ravissant !
Je n'ai ouï voix pareille ;
    Oh ! le chant
    Ravissant !
M'écriai-je hautement.

J'ai couru dans le hameau,
Tête nue et sans chapeau ;
    Tout ronflait
    Et dormait
Dans un repos bien tranquille ;
    Tout ronflait
    Et dormait,
Personne ne m'entendait.

Sus levez-vous, compagnons,
L'autre nuit nous dormirons ;
  Dépêchez
  Et sortez,
Venez avec moi entendre ;
  Dépêchez
  Et sortez,
Et tout ravis vous serez.

Aussitôt fait comme dit,
Et les grands et les petits
  Me suivant,
  En sortant,
Ils ont ouï la musique ;
  Me suivant,
  En sortant,
Ils admirent ce beau chant.

L'Ange qui si bien chantait,
Clairement nous instruisait :
  Cette nuit,
  A minuit,
Est né le Sauveur des hommes ;
  Cette nuit,
  A minuit,
Sur le foin il est réduit.

Allons voir ce bel enfant,
Pasteurs, dit-il promptement.
  Sans douter,
   Ni errer,
Croyez à cette nouvelle ;
  Sans douter,
   Ni errer,
Allons vite l'adorer.

De cet oracle divin,
Ayant appris le chemin,
  Le suivant
   Promptement,
Avons trouvé le Messie ;
  Le suivant
   Promptement,
Avons adoré l'enfant.

Il était, ce beau poupon,
En pitoyable façon ;
  De grand froid
   Il tremblait,
A peine avait-il des langes ;
  De grand froid
   Il tremblait,
Sa sainte mère en pleurait.

CANTIQUE XIV.

Promptement levez-vous,
Mon voisin,
Le Sauveur de la terre,
Un enfant, parmi nous,
Mon voisin,
Envoyé de son père,
Mon voisin.
Allez, mon voisin ! à la crèche.
Mon voisin,
Allez, mon voisin, à la crèche.

Veillant sur mon troupeau,
Mon voisin,
Autour de ce village,
J'entends un air nouveau,
Mon voisin,
Et du plus doux langage,
Mon voisin.
Allez, mon voisin, etc.

Rempli d'étonnement,
Mon voisin,
Je laisse ma houlette,

Pour voir le Dieu naissant,
Mon voisin,
Accomplir le prophète,
Mon voisin.
Allez, mon voisin, etc.

Dans l'admiration,
Mon voisin,
Entrant dedans l'étable,
J'adore ce poupon,
Mon voisin,
Mais Jésus ineffable,
Mon voisin.
Allez, mon voisin, etc.

Après quelques moments,
Mon voisin,
Ayant fait ma prière,
Je porte mes présents,
Mon voisin,
A l'enfant et la mère,
Mon voisin.
Allez, mon voisin, etc.

Je ne suis point trompeur,
Mon voisin,

Les choses sont certaines ;
Notre divin Sauveur,
Mon voisin,
Finit toutes nos peines,
Mon voisin.
Allez, mon voisin, etc.

Mon Dieu manque de tout,
Mon voisin,
Portez-lui quelque chose,
S'il souffre, c'est pour nous,
Mon voisin,
Nous en sommes la cause,
Mon voisin,
Allez, mon voisin, etc.

Choisissez le meilleur,
Mon voisin,
De votre bergerie,
Donnez-le de bon cœur,
Mon voisin,
A Joseph et Marie,
Mon voisin.
Allez, mon voisin, etc.

L'enfer est confondu,
Mon voisin,
Le ciel a la victoire.
Le Messie attendu,
Mon voisin,
Chantons, chantons la gloire,
Mon voisin.
Allez, mon voisin, à la crèche.
Mon voisin,
Allez, mon voisin, à la crèche.

CANTIQUE XV.

Deux bergers s'entredisant :
Courons adorer l'enfant
Qui vient de naître vraiment,
Pour finir notre misère :
Allons-y donc, mon compère,
Allons-y donc gaîment.

Courons adorer l'enfant,
Allons-y donc gaîment.
C'est le Dieu du firmament,
Le Créateur de la terre;
Allons-y donc, etc.

C'est le Dieu du firmament,
Allons-y donc gaiment,
Portons lui quelque présent,
Afin qu'il nous soit prospère;
    Allons-y donc, etc.

Portons-lui quelque présent,
Allons-y donc gaiment,
Et faisons-lui compliment;
Nous ferions mal de nous taire.
    Allons-y donc, etc.

Et faisons-lui compliment,
Allons-y donc gaiment,
Sur son saint avènement,
Qui nous est si salutaire.
    Allons-y donc, etc.

Sur son saint avénement,
Allons-y donc gaiment,
Lui demander humblement,
D'un cœur droit, pur et sincère.
    Allons-y donc, etc.

Lui demander humblement,
Allons-y donc gaiment,

Un parfait amendement
Du mal que l'on a pu faire.
  Allons-y donc, etc.

Un parfait amendement,
Allons-y donc gaîment ;
Il est doux, il est clément,
Il est bon et débonnaire.
  Allons-y donc, etc.

Il est doux, il est clément,
Allons-y donc gaîment,
Il nous aime tendrement,
Puisqu'il s'est fait notre frère.
  Allons-y donc, etc.

Il nous aime tendrement,
Allons-y dons gaîment ;
Pour réussir sûrement,
Adressons-nous à sa mère ;
  Allons-y donc, etc.

Pour réussir sûrement,
Allons-y donc gaîment ;
Promettons-lui fortement

De l'aimer comme un bon père.
Allons-y donc, mon compère,
Allons-y donc gaiment.

CANTIQUE XVI.

Amour, honneur, louanges,
Au Dieu sauveur dans son berceau,
Chantons avec les Anges
Un cantique nouveau.

Si cet enfant verse des pleurs,
C'est pour attendrir les pécheurs,
Et mettre fin à nos malheurs.
Chargé de notre offense,
Il calme le courroux des Cieux;
La paix par sa naissance,
Va régner en tous lieux!
Amour, etc.

Si notre cœur est dans l'ennui,
Nous ne devons chercher qu'en lui
Et notre force et notre appui;
Loin de nous les alarmes,

Le trouble et les soucis fâcheux,
    Un jour si plein de charmes
    Doit combler tous nos vœux.
Amour, etc.

Quand il nous voit prêts à périr,
Pour nous lui-même il veut s'offrir,
Et par sa mort vient nous guérir;
    A l'ardeur qui le presse,
Joignons nos généreux efforts;
    Et que de sa tendresse
    Tout suive les transports.
Amour, etc.

Ne craignons plus le noir séjour,
Ce Dieu qui naît pour notre amour,
Nous ouvre la céleste cour;
    Le démon plein de rage
A beau frémir dans les enfers,
    De son dur esclavage,
    Nous briserons les fers.
Amour, etc.

Sortons des ombres de la nuit,
Suivons cet astre qui nous luit,

Au vrai bonheur il nous conduit ;
    Entrons dans la carrière ;
Partout il porte ses ardeurs :
    Sa brillante lumière
    Enchante tous les cœurs.
    Amour, etc.

Par son immense charité
Il rend à l'homme racheté,
Le droit à l'immortalité ;
    Sous son heureux empire,
Les biens seront toujours parfaits ;
    Heureux qui ne soupire
    Qu'après ses doux attraits !

    Amour, honneur, louanges,
Au Dieu sauveur dans son berceau ;
    Chantons avec les anges
    Un cantique nouveau.

CANTIQUE XVII.

Air : *Venez, divin Messie.*

O Sapientia!

O divine sagesse !
Don précieux, trésor des Cieux,
O divine sagesse !
Venez naître en ces lieux.
Vous commencez, vous poursuivez,
D'un même soin vous achevez ;
Vous nous cherchez, vous nous trouvez
Votre bonté nous presse ;
Et fortement et doucement
Éclairez-nous sans cesse,
Dans notre aveuglement.

O Adonaï !

Descends flambeau céleste,
Tel qu'autrefois sur Sinaï,
Descends flambeau céleste,
Brillant *Adonaï.*
Nous t'allons voir sur l'horizon,
Comme Moïse en un buisson ;

Pour nous tirer de la prison
    Où le péché funeste,
Même en naissant nous a tous mis ;
    Le seul espoir nous reste,
    Grand Dieu, tu l'a promis !

O Radix Jesse !

  O signe favorable !
Par qui la paix a commencé,
  O signe favorable !
  Racine de Jessé !
Tout l'univers suivra tes lois,
Tu régneras sur tous les Rois,
Reçois nos vœux, entends nos voix,
  Rédempteur adorable ;
Délivre-nous, viens ici-bas,
  Deviens-nous favorable,
Descends, ne tarde pas.

O Clavis David !

  O clef du Roi-prophète !
Que ton pouvoir brille à nos yeux ;
  O clef du Roi-prophète !
  Viens nous ouvrir les Cieux.
Tu peux ouvrir, tu peux fermer,

Et si tu daignes nous aimer,
Rien ne doit plus nous alarmer,
    Notre joie est parfaite.
Viens donc, Sauveur tant souhaité,
    Notre âme est inquiète
    Après sa liberté.

O Oriens !

    O soleil de justice !
Dont l'Orient chasse la nuit,
    O soleil de justice !
Par qui le jour nous luit ;
Splendeur de la Divinité,
Répands sur notre humanité
Quelques rayons de ta clarté.
    Viens voir d'un œil propice,
De l'homme ingrat quel est le sort ;
    Voudrais-tu qu'il périsse
    Dans l'ombre de la mort ?

O Rex Gentium.

O puissant Roi du monde !
Qui fais l'objet de tous les vœux ;
    O puissant Roi du monde !
Tu peux le rendre heureux.

Il tomberait sans ton appui,
Il s'est flatté jusqu'aujourd'hui,
Que ton amour serait pour lui.
 L'homme en toi seul se fonde,
Faut-il après l'avoir aimé,
 Que ta main le confonde,
 Ta main qui l'a formé?

O Emmanuel!

O Souverain Messie!
Reçois le nom d'Emmanuel;
 O Souverain Messie!
 Fils du Père Éternel,
Dans le péché nous sommes tous;
Si Dieu se fait homme avec nous
Nous apaiserons son courroux,
 Tu nous rendras la vie.
Si tu te fais un Homme-Dieu,
 Ton amour te convie
 A naître en ce bas lieu.

CANTIQUE XVIII.

Chantons les louanges
D'un Dieu plein d'amour,
Imitons les Anges,
Dans un si beau jour,
Avec leurs trompettes
Mêlons nos hautbois,
Et dans nos retraites,
Disons mille fois :
Alleluia! Alleluia!
Kirie Christe, kirie eleison!

Jésus vient de naître,
Pour nous rendre heureux;
Il fait disparaître
Tous nos soins fâcheux.
Nos plaintes finissent;
Nous sortons des fers;
Les airs retentissent
De nos doux concerts :
Alleluia, etc.

Que chacun s'assemble
Dans ces lieux charmants;
Montrons tous ensemble

Notre empressement,
Que l'écho fidèle,
Du fond de nos bois
Voyant notre zèle.
Réponde à nos voix :
Alleluia, etc.

Que tout soit sensible
A notre bonheur ;
Que l'hiver terrible
Calme sa rigueur ;
Que tous nos bocages,
Nos prés, nos vallons,
Bravent les ravages
Des fiers aquilons.
Alleluia, etc.

Paisibles fontaines,
Tranquilles ruisseaux,
Faites sur les plaines
Serpenter vos eaux ;
Qu'à ce doux murmure,
Le charmant printemps
Rende la verdure
Et les fleurs aux champs.
Alleluia, etc.

Pourquoi tant attendre,
Aimables oiseaux,
De nous faire entendre
Vos concerts nouveaux ?
De nos saints hommages
Devenez jaloux,
Et dans vos ramages,
Dites avec nous :
Alleluia, etc.

Brebis innocentes,
Et vous, chers moutons,
Sur les fleurs naissantes
Faites mille bonds ;
Que tu vas bien paître,
Trop heureux troupeau,
Il te vient de naître
Un pasteur nouveau.
Alleluia, etc.

Oh ! quelle allégresse
Règne en ces bas lieux !
Chacun s'intéresse
Dans nos chants joyeux.
A peine on voit luire
Ce jour fortuné,

Que tout semble dire :
Le Sauveur est né.
Alleluia! Alleluia!
Kirie Christe; kirie eleison.

CANTIQUE XIX.

Que n'as-tu vu ce que j'ai vu,
   Ah! berger, sommeilles-tu,
Le vrai fils de Dieu revêtu?
Ah! berger, sommeilles, sommeilles,
   Ah! berger, sommeilles-tu?

Le vrai fils de Dieu revêtu,
   Ah! berger, sommeilles-tu?
D'un faible corps, tremblant et nu,
   Ah! berger, etc.

D'un faible corps, tremblant et nu,
   Ah! berger, sommeilles-tu?
Par lui Satan est confondu,
   Ah! berger, etc.

Par lui Satan est confondu,
   Ah! berger, sommeilles-tu?

Il ne se fera plus attendre,
　　Ah ! berger, etc.

Il ne se fera plus attendre,
　　Ah ! berger, sommeilles-tu ?
Depuis que l'homme est soutenu,
　　Ah ! berger, etc.

Depuis que l'homme est soutenu,
　　Ah ! berger, sommeilles-tu ?
Par la grâce et par la vertu,
　　Ah ! berger, etc.

Par la grâce et par la vertu,
　　Ah ! berger, sommeilles-tu ?
Sans cela tout était perdu,
　　Ah ! berger, etc.

Sans cela tout était perdu,
　　Ah ! berger, sommeilles-tu ?
Ce mystère est assez connu,
　　Ah ! berger, etc.

Ce mystère est assez connu,
　　Ah ! berger, sommeilles-tu ?
Viens le voir, comme je l'ai vû,
　　Ah ! berger, etc.

Viens le voir, comme je l'ai vu,
    Ah! berger, sommeilles-tu?
Et tu croiras que je l'ai vu.
Ah! berger, sommeilles, sommeilles,
    Ah! berger, sommeilles-tu?

CANTIQUE XX.

Michaud veillait
La nuit dans sa chaumière,
    Près du hameau,
En gardant son troupeau.
  Le Ciel brillait
D'une vive lumière,
Il se mit à chanter :
    Je vois   (*bis.*)
L'étoile du berger.

    Au bruit qu'il fit,
Les pasteurs de Judée,
    Tous en sursaut,
Furent trouver Michaud,
    Auxquels il dit,
La Vierge est accouchée,

Sur l'heure de minuit,
>   Voilà, (bis.)
Ce que l'Ange a prédit.

Un pauvre toit
Servait de couverture
>   A la maison,
De ce roi de Sion;
>   Le vent sifflait
D'une horrible froidure;
Au milieu de l'hiver,
>   Il vient, (bis.)
Pour nous tirer des fers.

Sa mère était
Assise près la crèche;
>   L'âne mangeait,
Et le bœuf échauffait;
>   Joseph priait,
Sans chandelle ni mèche.
Dans ce triste appareil,
>   Jésus, (bis.)
Brillait comme un soleil.

Fasse, Seigneur,
Que votre sainte enfance

Nous place aux Cieux,
Parmi les bienheureux !
Ah ! quel bonheur !
Si dans notre enfance
Nous pouvons mériter
Un bien   (bis.)
Que l'on ne peut ôter.

CANTIQUE XXI.

Le Dieu du Ciel quitte son trône,
Son trône et sa couronne :
Gloria in excelsis et in terrâ,
Et in terrâ pax hominibus.

Il est descendu sur la terre,
Afin de terminer la guerre.
Gloria, etc.

Il vient exercer sa justice,
Et de nos cœurs bannir le vice.
Gloria, etc.

Courez vite voir son berceau,
On n'a pas vu rien de si beau.
Gloria, etc.

Il est né dans une étable,
Ah! que ce Dieu est admirable!
Gloria, etc.

Allons-y tous dévotement,
Adorer le Sauveur naissant.
Gloria in excelsis et in terrâ,
Et in terrâ pax hominibus.

CANTIQUE XXII.

Bergers, qui êtes ici-bas,
Venez et avancez vos pas,
Laissez vos brebis errer.
Bergers, bergers, revenez, bergers,
Laissez vos brebis errer,
Paître dans les coteaux.

Venez voir un berger nouveau,
Le plus joli et le plus beau,
Qui vient naître en ce monde,
Bergers, bergers, revenez, bergers,
Qui vient naître en ce monde,
Parmi tant d'étrangers.

Il est né le soir à minuit,
Si pauvrement il est réduit,
Dans une pauvre étable,
Bergers, bergers, revenez, bergers,
Dans une pauvre étable,
Parmi tant de dangers.

Son père est le premier berger,
Qui n'a pas voulu le loger,
C'est pour faire voir sa gloire,
Bergers, bergers, revenez, bergers,
C'est pour faire voir sa gloire,
Parmi tant d'étrangers.

Sa mère le tient dans ses bras,
Et Joseph lui chauffe ses draps;
Sa mère l'emmaillote,
Bergers, bergers, revenez bergers,
Sa mère l'emmaillote,
Avec mille baisers.

Trois rois qui sortent d'Orient,
Informés de l'événement,
Conduits par une étoile,
Bergers, bergers, revenez, bergers,
Conduits par une étoile,
Avec cent passagers.

Ils lui offrirent pour présens,
Et l'or, et la myrrhe, et l'encens,
C'est pour faire voir sa gloire :
Bergers, bergers, revenez, bergers,
C'est pour faire voir sa gloire :
Parmi tant d'étrangers.

CANTIQUE XXIII.

MARIE.

Joseph, mon cher fidèle,
Cherchons un logement,
Le temps presse et m'appelle
A mon accouchement.
Je sens le fruit de vie,
Ce cher enfant des Cieux,
Qui d'une sainte vie,
Veut paraître à nos yeux.

JOSEPH.

Dans ce triste équipage,
Marie, allons chercher
Partout le voisinage,
Un endroit pour loger,

Ouvrez, voisin, la porte,
Ayez compassion
D'une vierge qui porte
Vorte Rédemption.

LES VOISINS DE BETHLÉEM.

Dans toute la bourgade,
On craint trop les dangers,
Pour donner la passade
A des gens étrangers ;
Au logis de la lune,
Vous n'avez qu'à loger,
Le chef de la commune
Pourrait bien se venger,

MARIE.

Ah ! changez de langage,
Peuple de Bethléem !
Dieu vient chez vous pour gage,
Hélas, ne craignez rien ;
Mettez-vous aux fenêtres,
Ecoutez ce destin :
Votre Dieu, votre maître,
Doit sortir de mon sein.

LES VOISINS DE BETHLÉEM.

C'est quelque stratagème ;
On peut faire la nuit,
Quelque tour de Bohême
Quand le soleil ne luit :
Sans voir éclair ni lune,
Les méchants font leur coups :
Gardez votre infortune,
Passans, retirez-vous.

JOSEPH.

O ciel ! quelle aventure ?
Sans trouver un endroit
Dans ce temps de froidure,
Pour coucher sous le toit ;
Créature barbare,
Ta rigueur te fait tort ;
Ton cœur déjà s'égare
En ne plaignant mon sort.

MARIE.

Puisque la nuit s'approche,
Pour nous mettre à couvert,
Ah ! fuyons ce reproche,

J'aperçois au désert
Une vieille cabane ;
Allons mon cher époux,
J'entends le bœuf et l'âne,
Qui nous seront plus doux.

JOSEPH.

Que ferons-nous, Marie,
Dans un si méchant lieu,
Pour conserver la vie
Au petit enfant Dieu ?
Le monarque des Anges
Naîtra dans un bercail,
Sans feu, sans draps, sans langes,
Et sans palais royal.

MARIE.

Le Ciel, je vous assure,
Pourra nous secourir ;
Je porte bonne augure,
Sans crainte de périr ;
J'entends déjà les Anges,
Qui font d'un ton joyeux,
Retentir les louanges
Sous la voûte des Cieux.

JOSEPH.

Trop heureuse retraite,
Plus noble mille fois,
Plus riche et plus parfaite,
Que le Louvre des Rois!
Logeant un Dieu fait homme,
L'auteur du Paradis,
Que le Prophète nomme,
Le Messie promis.

MARIE.

J'entends le coq qui chante;
C'est l'heure de minuit.
O Ciel! un Dieu m'enchante;
Je vois mon sacré fruit.
Je pâme, je meurs d'aise,
Venez mon bien-aimé,
Que je vous serre et baise!
Mon cœur est tout charmé.

JOSEPH.

Vers Joseph, votre père,
Nourrisson plein d'appas,
Du sein de votre mère,
Venez entre mes bras;

Ah ! que je vous caresse,
Victime des pécheurs ;
Mêlons, mêlons sans cesse,
Nos soupirs et nos pleurs.

CANTIQUE XXIV.

Venez, divin Messie,
Sauvez nos jours infortunés ;
Venez, source de vie,
Venez, venez, venez.

Ah ! descendez, hâtez vos pas,
Secourez-nous, ne tardez pas,
Sauvez les hommes du trépas ;
Venez, divin Messie,
Sauvez nos jours infortunés ;
Venez, source de vie,
Venez, venez, venez.

Ah ! désarmez votre courroux ;
Nous soupirons à vos genoux,
Seigneur, nous n'espérons qu'en vous.
Pour nous livrer la guerre,
Tous les enfers sont déchaînés ;

Descendez sur la terre ;
Venez, venez, venez.

Que nos soupirs soient entendus,
Les biens que nous avons perdus
Ne nous seront-ils pas rendus !
    Voyez couler nos larmes ;
Grand Dieu, si vous nous pardonnez,
    Nous n'aurons plus d'alarme ;
Venez, venez, venez.

Si vous venez en ces bas lieux,
Nous vous verrons victorieux
Fermer l'enfer, ouvrir les cieux ;
    Nous l'espérons sans cesse ;
Les cieux nous furent destinés,
    Tenez votre promesse ;
Venez, venez, venez.

Ah ! puissions-nous chanter un jour
Dans votre bienheureuse cour,
Et votre gloire et votre amour !
    C'est là l'heureux partage
De ceux que vous prédestinez :
    Donnez-nous-en un gage ;
Venez, venez, venez.

CANTIQUE XXV.

O Dieu, quelle nouveauté
Gabriel a rapporté !
Il dit que le Tout-Puissant,
  Souvenez-vous-en,   (*bis.*)
Sans plus de retardement,
Pour nous doit se faire enfant.

Dieu créa l'homme parfait,
Le faisant à son portrait ;
Il l'aima si tendrement,
  Souvenez-vous-en,   (*bis.*)
Qu'il traita à tout moment
Avec lui fort librement.

Mais le Démon envieux
De le savoir si heureux,
Par un fin déguisement,
  Souvenez-vous-en,   (*bis.*)
Lui fit malicieusement
Passer son contentement.

Par cette infidélité,
Lui fit ravir sa beauté,

Et cet objet si charmant,
    Souvenez-vous-en,   (*bis.*)
Devint par ce changement
La haine du Tout-Puissant.

Mais le Dieu, plein d'amitié,
Le prit si fort en pitié,
Que d'une vierge naissant,
    Souvenez-vous-en,   (*bis.*)
Se fit paisible et souffrant,
Pour partager son tourment.

C'est dans ce temps bienheureux
Que doivent s'ouvrir les Cieux;
Pour donner à tout vivant,
    Souvenez-vous-en,   (*bis.*)
Cet homme juste innocent,
Pour leur raccommodement.

Courez promptement, pécheur,
Recevoir votre Sauveur,
Il est né si pauvrement,
    Souvenez-vous-en,   (*bis.*)
Qu'une étable seulement
Doit être son logement.

Dans cet état malheureux,
Il est pourtant roi des Cieux ;
La terre et le firmament,
    Souvenez-vous-en,   (bis.)
Les trônes pareillement,
Sont soumis à cet enfant.

Offrons donc à ce vainqueur
L'hommage de notre cœur,
Puisqu'il dit en soupirant,
    Souvenez-vous-en,   (bis.)
Que c'est lui seul, dans ce temps,
Qui peut le rendre content.

CANTIQUE XXVI.

Tous les bergers de Nantes
Ne soyez en souci !
Que notre joie augmente,
Cette journée-ci,
Que naquit ce Dieu fils,
Que la vierge Marie,

Près le bœuf et l'ânon
    Don don,
De Jésus accoucha,
    Là là,
Dans une bergerie.

Des anges de lumières
Ont chanté divers tons,
Aux bergers et bergères,
Qui gardaient leurs moutons,
Parmi tous ces cantons,
Tout à l'entour de l'onde,
Disant que ce mignon
    Don don,
Etait né près de là,
    Là, là,
Pour le salut du monde.

Ils prennent leurs houlettes,
Avec empressement,
Leurs hautbois, leurs musettes,
Et s'en vont promptement
Tout droit à Saint-Clément,
A travers la montagne,

Etant tous réjouis,
    Ravis,
D'aller voir cet enfant
    Naissant,
Joseph et sa compagne.

Cette joyeuse bande,
Vint en procession,
Et traversa la lande,
Sans faire station,
Ni la collation ;
Dansant à l'harmonie
Que faisaient les pasteurs
    Chanteurs,
Lesquels n'étaient pas las,
    Las, las,
De faire symphonie.

Maître Julien Valère,
Du quartier Saint-Denis,
Fit porter, pour mieux braire,
Du vin de son logis ;
Ces enfants réjouis
Toute cette nuitée,

Se sont mis à crier,
>Chanter,
Ut, ré, mi, fa, sol, la,
>La, la,
A gorge déployée.

Lorsqu'on vidait la coupe,
Un nommé Desavaux,
Faisait de bonne soupe,
Avec force navaux,
Poulets et pigeonneaux,
Pour faire grande chère,
Outre des ortolans,
>Faisans,
Qu'apportait Jean Bardot,
>Point sot,
A l'enfant et la mère.

Comme on était à table,
Un garçon de Nevers,
Sur un luth agréable,
Chanta mille beaux airs,
Sur tous les tons divers,
Mêlant sa chanterie,

De trompette et clairon,
Don, don,
Avec l'*Alleluia*,
La, la,
A Joseph et Marie.

Tous prièrent de grâce,
Et la mère et le fils,
De leur faire avoir place
Dedans son paradis,
Ce qui leur fut promis;
Et puis chacun s'apprête,
D'aller vers son canton,
Don, don,
Ils se rendirent là,
Là, là,
En faisant bonne fête.

CANTIQUE XXVII.

Dites-nous, aimable Dieu,
Qui vous fait naître en ces lieux?
Est-ce pour briser nos chaines,
Et pour partager nos peines?
Dites-nous, etc.

Pourquoi sous l'humanité,
Cacher la Divinité!
A votre adorable image
L'homme a-t-il fait quelque outrage?
Pourquoi, etc.

Ses liens et ses drapeaux
Nous retracent tous nos maux;
Notre liberté perdue,
Nous sera-t-elle rendue?
Ses liens, etc.

Je vois votre humanité
Qui confond ma vanité,
Je ne puis jamais descendre;
Vous venez pour me l'apprendre.
Je vois, etc.

Je vous coûte ces douleurs,
Ces croix, ces soupirs, ces pleurs;

C'est pour plaindre ma misère;
Est-il un plus tendre père?
Je vous coûte, etc.

Songez donc, divin Enfant,
Que vous êtes triomphant?
A quoi bon verser des larmes?
Tout l'Enfer vous rend les armes.
Songez donc, etc.

Notre sort était affreux,
Mais vous le rendez heureux,
Nous avions tous fait naufrage,
Vous avez calmé l'orage.
Votre sort, etc.

Vous nous sauvez de la mort;
Vous nous conduisez au port;
Vous allez finir nos plaintes;
Vous allez bannir nos craintes.
Vous nous, etc.

Qu'on ne chante désormais
Que les douceurs de la paix :
Plus d'alarmes, plus de guerre,
Puisque vous calmez la terre.
Qu'on ne chante, etc.

CANTIQUE XXVIII.

Air : *O Filii.*

C'était à l'heure de minuit,
Que chacun reposait sans bruit,
Alors que la Vierge accoucha.
Alleluia! Alleluia!

Dans cet instant si plein d'appas,
Les Anges ne sommeillaient pas,
Ils entonnaient le *Gloria.*
Alleluia! Alleluia!

Allez voir, innocents bergers,
Disaient ces divins messagers,
Naître celui qui tout créa.
Alleluia! Alleluia!

Bethléem est le saint lieu,
Où nous est né le fils de Dieu,
C'est lui qui nous rachètera.
Alleluia! Alleluia!

Alors les pasteurs éblouis,
Se réveillèrent tous réjouis;
C'est à qui le premier ira.
Alleluia! Alleluia!

Quand ils furent dans ce séjour,
Éclairés du soleil d'amour,
Chacun à genoux l'adora.
Alleluia ! Alleluia !

Jésus était dessus du foin,
Et Joseph avait pris le soin
De serrer ce qu'on lui donna.
Alleluia ! Alleluia !

L'étable était à découvert,
Exposée au froid de l'hiver,
C'est là qu'un grand Dieu reposa.
Alleluia ! Alleluia !

Après avoir offert leurs vœux,
Ils prirent congé, bien joyeux ;
Marie aussi les remercia.
Alleluia ! Alleluia !

CANTIQUE XXIX.

Air : *Depuis longtemps Dieu t'appelle.*

Un Dieu naît dans la misère,
    Ah! quel mystère!
Un Dieu naît dans la misère,
    Que de grandeur!
Amour, seul, tu pouvais faire
Ce prodige en ma faveur.

C'était donc dans la bassesse,
    Et la faiblesse,
C'était donc dans la bassesse,
    Qu'on devait voir
Un vainqueur qui, par tendresse,
Veut bien borner son pouvoir.

On voit même à sa naissance,
    Malgré l'enfance,
On voit même à sa naissance
    Sa majesté;
Quel prodige d'abondance,
Trahit son humanité!

Malgré la nuit la plus noire,
Ici sa gloire,
Malgré la nuit la plus noire
Vient d'éclater.
Les Anges chantent la victoire ;
Les Rois viennent l'adorer.

Il est donc parmi ces langes,
Ce Roi des Anges,
Il est donc parmi ces langes,
Le Tout-Puissant,
Et digne de nos louanges,
Tout comme le firmament.

Courons prouver notre zèle,
Toupe fidèle,
Courons prouver notre zèle
Et notre amour.
D'une ardeur toujours nouvelle
Pour lui brûlons nuit et jour.

FIN.

Nantes, imp. Vincent Forest et Émile Grimaud, pl. du Commerce, 1.

www.ingramcontent.com/pod-product-compliance
Lightning Source LLC
LaVergne TN
LVHW050626090426
835512LV00007B/687